AF286417

J. Mertens wurde am 15. Juli 1968 in Lüdenscheid geboren. Schon als Kind entdeckte er seine Vorliebe für Grenzwissenschaften und Schauergeschichten. Erste kleinere Werke, von denen nur noch wenige erhalten sind, schrieb er mit ungefähr zehn Jahren. Schon zu dieser Zeit war er für eine eigenbrötlerische Lebensweise bekannt. Mäßige Schulerfolge kompensierte er mit einem lebhaften Interesse an "verbotenen" Wissenschaften. Seine berufliche Laufbahn weist einen verworrenen Weg auf: Kaufmann, Verkäufer, Fabrikarbeiter, Versicherungsvertreter, Journalist, Künstler, Alltagsbegleiter, Lagerist, Texter und freier Autor. Einige seiner unheimlichen Geschichten wurden in lokalen Zeitschriften veröffentlicht. Nach seinem Umzug 1999 in die Nachbarstadt Altena betrieb er einsame Studien im okkulten und psychologischen Bereich, bevor er sich ab 2007 aktiv dem Verfassen von phantastischer Belletristik widmete.

J. Mertens

ZERFALL

Dunkle Lyrik

Bibliografische Information der Deutschen Nationalbibliothek:
Die Deutsche Nationalbibliothek verzeichnet diese Publikation in der
Deutschen Nationalbibliografie, detaillierte bibliografische Daten sind
im Internet über http://dnb.dnb.de abrufbar.

Coverdesign, Satz und Layout: J. Mertens
http://www.publicdomainpictures.net
https://pixabay.com

Herstellung und Verlag:
BoD – Books on Demand, Norderstedt

ISBN: 978-3-8391-4745-0

www.obscuranox.com

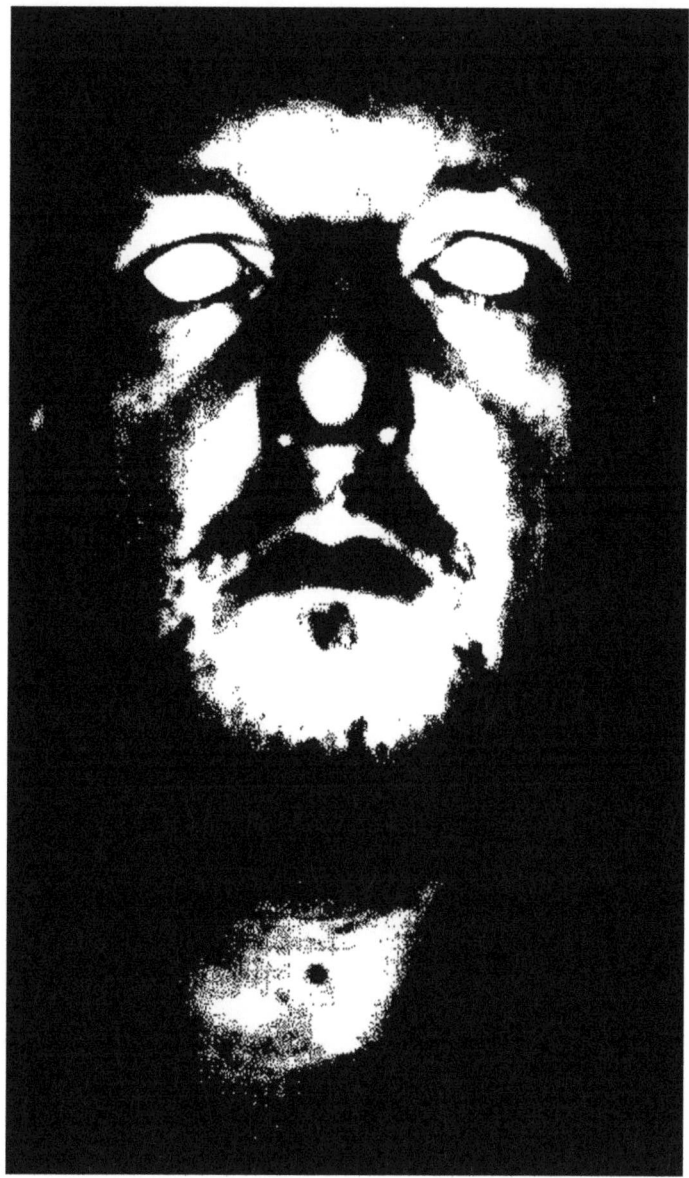

Inhalt

I. Froschlaich

II. Infizierte Worte

V. Liebe und Tod

VI. Aus fahlen Gefilden

FROSCHLAICH

Der falsche Prophet

Gekommen bin ich, euch zu quälen
Wie Zwiebeln euer Hirn zu schälen
Eure Köpfe zu zerschneiden
Und mich an eurer Qual zu weiden

Gekommen, um euch aufzuwecken
Steh' ich hier, um aufzudecken
Um Dreck und Abfall zu belichten
Und sich'res Denken zu vernichten

Gekommen, um zu provozieren
Treib' ich Klingen in die Nieren
Und wenn erstaunt ihr zu mir schaut
So hört mein Lachen schrill und laut

Gekommen bin ich, euch zu warnen
Die Wahrheit könnt ihr nicht erahnen
Was ich auch sage – glaubt mir nicht
Denn Teufelsfratz ist mein Gesicht

Empfangt mich nett und mit Respekt
Bevor ihr mich am Arsche leckt
Denn wenn es bald schon tost und kracht
Bin ich der Herrscher dieser Macht

Geboren bin ich aus der Scheiße
Und nicht aus göttlichem Gegleiße
Und sterben kann ich nur durchs Wort
Beim letzten Punkt erst bin ich fort

So hört mein Schandmaul Frösche speien
Wer wird euch von der List befreien?
Die Ignoranz hält euch im Glück
Doch Ungewissheit bleibt zurück

Goldene Bazillen

Liebende Worte, berechnend gebraucht
Verlockende Floskeln, zu Angeln gestaucht
Gutmütigkeit, an den Händler verschenkt
Das Denken in andere Richtungen lenkt

Verschaukelte Geister, von Teufeln belacht
Im Zweifel empfangen sie Stimmen der Nacht
Was ihnen genommen, es muss wieder her
Und war es zu wenig, so fordern sie mehr

Gülden Metall gebiert brüllenden Schmerz
Treibt seinen Pfahl durch das leidende Herz
Die Seele verdunkelt, die Augen verklebt
Es raset der Jäger, für Mammon er lebt

Menschlichkeit, beerdigt in Zorn
Gegeißelt durch egoistischen Dorn
Gekreuzigt, gestorben in maßloser Gier
Auferstanden als reißendes Tier

Asylum

Gefängniszellen für den Rest eurer Zeit
Jeder Tag wie der vorherige
Wie lautet die Anklage?
Die Illusion der Freiheit
Schlösser aus Fleisch und Blut
Halten euch mit Lügen zurück

Sehnsüchtige Augen blicken zur Tür
Nein, ihr dürft hier nicht raus
Nur der Tod kann euch befreien
Und ewig lockt die Barmherzigkeit
Im versteckten Interesse stimmiger Bilanzen
Die Greise stehen in der Schlange
Wie die Schweine beim Metzger

Wo Menschen zu Arbeitsmaterialien werden
Die jederzeit ersetzbar sind
Wird Uneigennützigkeit zum Fremdwort
Gehet hin zu ihnen
Die ihr mühselig und beladen seid
Sie werden euch vernichten

Richtet die Kanonen eurer Residenzen
Lieber auf das Innere
Damit endlich zerstört wird
Was Hilfe verspricht
Doch den Tod beschleunigt

Ihr dreckigen Halunken
Die ihr schmutziges Gold kassiert
Für das Bewohnen einer Zelle
Bleibt mir vom Leibe
Auf eure Hilfe kann ich verzichten

Betrogen

Gute Gedanken, die nichts bringen
Lebenskampf mit täglich Ringen
Die ganze Welt scheint dir verlogen
Wenn du merkst, du wurdest schon wieder betrogen

Alle Mühen stets vergeblich
Für den du dich plagtest, der handelt nicht redlich
Versprechungen – hübsch zurechtgebogen
Doch du, du wurdest mal wieder betrogen

Schnöder Mammon im Vordergrund
Zieht Ehrlichkeit in seinen gierigen Schlund
Gewissen – unbekannt verzogen
Und du weißt, du wurdest schon wieder betrogen

Dreckiges Gold, zu gar nichts nütze
Wie eine Münze im Grund einer Pfütze
Verdirbt die Reinheit, nährt die Lüge
Auf dass man dich einmal mehr betrüge

Doch irgendwann ist das Spiel vorbei
Am Grabe mitleidige Litanei
Der Garten Eden wurde dir versprochen
Doch was, wenn damit wird auch gebrochen?

Klabusterbeeren

Unter überzeugenden Gebärden
Brüllen schillernde Dämonen
Ihre Tiraden von der Kanzel
Von Dreck getroffen nimmt die Menge
Die apokalyptischen Botschaften mit Jubel auf

Der gezuckerte Unrat schmeckt verführerisch
Während er dankbare Kehlen befriedigt
Und sich die Schafherde
Im Schlaraffenland wähnt
Die Wogen eines sonst wütenden Mobs
Sich glätten

Die dunkle Süßigkeit der Drachen
Ist keine Schokolade
Wenn auch in buntes Papier verpackt
In den Farben
Bestimmter Versprechensprogramme

Schwer verdaulich ist der kandierte Kot
Erzeugt Brechreiz und Durchfall
Der die Gesellschaft verklebt
Und eben dadurch die Massen zusammehält

Doch selbst wenn die Scheiße
Längst den Anus passiert hat
Sorgen rauhe Klabusterbeeren
Für nachhaltige Entzündungen

Feministische Ungereimtheiten

Der Frucht der Eva längst entwachsen
Sprengtet ihr holden Damen
Alle mittelalterlichen Ketten
Die euch zu bloßen Nutztieren
Und Gebärmaschinen degradierten

Es waren hässliche Vetteln
Und krächzende Daghexen
Denen ihr auf dem Weg zur Befreiung folgtet
Denn ihr wolltet mehr sein
Als bloße Genussobjekte

Fast seid ihr am Ziel eures Weges
Der euch einen Schritt vor
Und zwei zurück brachte
Selbstbewusst und kaltschnäuzig
Präsentiert ihr euch als Sexluder
Halbnackt in der Öffentlichkeit
Gekleidet in hurenhafte Modeartikel
Erscheint die moderne Frau
Nun selbst als Früchtchen

Dies ist das feuchte Ende der Genesis
Und das Gelächter der Schlange
Verhallt unter Begleitung
Wolllüstiger männlicher Blicke
In schlüpferlosen Genitalöffnungen

Ein Salut an die Lügner

Ein Hoch auf euch, ihr Lügner
Die ihr die Welt zu vergolden wisst
Alle Schrecken verleugnend
Euer Katzengold ist uns ein Genuss
Den wir täglich zu schätzen wissen
Den Kot dieser Welt
Überzieht ihr gekonnt mit feinem Glanz
Und bereichert ihn
Mit dem Parfüm der Verkehrtheit
Wir würden euch danken
Würden wir euch erkennen
So preise ich euch auf alle Zeit
Und maße mir an
Euch Lügner zu belügen
An jedem Tag, zu jeder Stunde
Mit jeder Zeile

Mein Schandmaul

Ihr Gutmenschen, von Korrektheit gezeichnet
Gehasst von euren eigenen Spiegelbildern
Gefickt vom scheinheiligen Geist
Euch gilt meine Schelte

Auf der Straße in ein gekauftes Paradies
Bedeckt eine Schleimspur den Asphalt
Eure Köpfe stecken in rektalen Ausgängen
Und Speichellecker folgen euch

Mein Schandmaul gibt keine Ruhe
Fortwährend anklagend
Rotzt es in eure Kristallgläser hinein
Niemals verstummend, niemals entschuldigend

Mit den Flammen der Lächerlichkeit
Entzündet ihr einen Scheiterhaufen
Aus Rufmord
Und wenn auch schon mein Arsch
Im Feuer liegt
So ist doch mein Mund noch frei
Euch zu verspotten

Habt Dank

Ganze Arbeit habt ihr geleistet
Für die wir euch gut nährten
Euch die Annehmlichkeiten
Der Welt spendierten
Und uns selbst im Verzicht übten

Wir danken euch
Die ihr euch nie bedanktet
Weil ihr vermutlich nicht ahntet
Dass auch eure Sicherheit
Nicht ewig währen würde

Und dass eure Parlamente, Bankpaläste
Und Vorstandssäle
Doch auch nur Käfige waren
Nun ist die Zeit reif
Euer fettes Fleisch zu ernten

Die Stricke und Fleischerhaken
Hängen schon bereit
Stabil befestigt
Sodass auch die dicksten Säue
Daran baumeln können
Habt Dank
Wir werden es uns schmecken lassen

Der Rest für die Säue

Seelentrampler, Energievampire
Gefühlsbelächler und Herrenmenschen
Dachtet ihr wirklich
Euer Verhalten bliebe konsequenzlos?

Glaubtet ihr wirklich
An eine goldene Zukunft
An Kaviar und Champagner
Auf meine Kosten?

Nackt steht ihr nun vor mir
An den Pranger gebunden
Mit entsetzten Gesichtern
Und heraushängenden Eingeweiden

Die Säge tut bereits ihre Arbeit
Stücke eurer schändlichen Leiber
Liegen bereits am Boden aus
Zur Fleischbeschau

Es ist genug für alle da
Gammelfleisch für jeden von uns
Den Rest bekommen die Säue
Denn ich bin bereit zu teilen

II INFIZIERTE WORTE II

Unkenrufe

Aus Tümpeln, voll der Menschheit Wut
Und dreckig-trübem Dreck
Erschallt des Unken Übermut
In modrigem Versteck

Sein Ruf verbreitet sich im Wald
Erreicht den nächsten Unk
Der seinerseits nun schon recht bald
Ihn nährt mit weit'rem Dung

Doch um die Tümpel rundherum
Da steht's sehr wohl zum Besten
Sodass das Quaken ziemlich dumm
Nur alles wird verpesten

Dies ist des Unkes Lebenssinn
Dass er nur will verderben
Die Orte, wo er kommt nicht hin
Sieht er am liebsten sterben

Denn Neid ist's, der den Unken treibt
Und dies ist eine Seuche
Wer freiwillig im Tümpel bleibt
Dem solcher Ruf entfleuche

Drum, Mensch, trink niemals unkengleich
Aus stehenden Gewässern
Die Stagnation im Missgunstteich
Wird niemals was verbessern

Die Macht der Namen

Schützt die Tiere, sagt ihr
Und ihr denkt dabei
An die Wildnis in ihrer Vielfalt
Denkt an den Löwen
Den Tiger, den Bären
Sie sind euch vertraut
Denn ihr kennt sie
Gabt ihnen ihre Namen
Zur Identifikation
Zur Katalogisierung

Geheimnisse und Fremdartigkeit
Sind dem aufgeklärten Menschen ein Gräuel
Und doch zähmt der Name nicht
Das Wesen des wilden Tieres
Das nichts als ein Monster wäre
Trüge es keinen Namen
Geschützt werden reißende Ungeheuer
Gefährlich und nicht einzuschätzen
Die uns ihrerseits fräßen
Hätten sie nur die Gelegenheit

Hexenfeuer

Du bist auf der Flucht
Doch du hast keine Chance
Niemand hört deinen Schrei
Du bist ein Heide – und musst sterben

Bete zu Diana
Zum letzten Mal
Doch der Zauberspruch wirkt zu spät
Tod heißt dein Schicksal.

Die Kirche verschafft dem Tier erst Macht
Welches die Bibel prophezeit
Ihre Nachbarn müssen sterben
Damit ihr eigener Gott zufriedengestellt ist

Denn die Scheiterhaufen glimmen noch
Den Häschern geht es gut
Die wilde Hatz hat nie aufgehört
Und vielleicht bist du
Der Nächste auf ihrer Liste

Prudentia

Auf, zum Schauspiel laßt es läuten
Das Theater lädt heut ein
Bretter, die die Welt bedeuten
Mimen spiel'n nicht gern allein

Aus der Dörfer dunkler Gassen
Aus der Städte Häusermeer
Zwingen sich nun her die Massen
Abertausend oder mehr

Lächelnd, kindlich strömen Gäste
Sichtlich zum Humor gewillt
In den Großsaal des Theaters
Bis das Haus ist prall gefüllt

Erwartungsvoll Gesichter blicken
Durch die Menge, durch den Raum
Hier und dort ein kurzes Nicken
Bald beginnt des Tages Traum

Und der Name dieses Spieles
Vitae Ordo hier genannt
Verheißt schon einiges, ja vieles
Doch ist manchem unbekannt

Ruhe herrscht nun in den Stühlen
Da der Vorhang sich erhebt
Bald schon kann ein jeder fühlen
Wie die Bühne glänzt – und lebt

Sanfte Klänge der Kapelle
Streichen durch den ersten Akt
Ein Kindlein tritt hier an die Stelle
Neugebor'n, noch schwach und nackt

Applaus – er toset durch die Reihen
Die Overtüre der Geburt
Lässt so manchen Gast verzeihen
Seines Lebens schnellen Spurt

Und die Besucher, jung im Geist
Erinnert an der Kindheit Pracht
Vergießen, da in Zeit gereist
Nun Wehmutstränen in die Nacht

Doch während noch Gefühle wallen
Wird gedämmt der Zährenteich
Weit'rer Spaß gewünscht sei allen
Bei des Dramas zweitem Streich

Die Planken uns'rer Bühne knarren
Ein Jüngling auf die Bohlen steigt
Kräftig, bärig wie zehn Karren
Jedermann sein Haupt verneigt

Mit dem Antlitz eines Helden
Er die Frauenherzen bricht
Sagt, welch Weib mag nicht sich melden
Das einst sah in sein Gesicht?

Die Herren uns'rer Gästeschar
Sich sinnen an die eig'ne Spann'
Was diese Zeit doch für sie war
Zu sein ein stattlich, prächtig Mann

Rührung lässt die Herzen klopfen
Ob der Stärke, Männlichkeit
Wieder sieht man Tränen tropfen
Dennoch siegt die Heiterkeit

Und während all die Träume schwelen
Was das Leben doch einst war
Bietet – wir wolln's nicht verhehlen
Auch der dritte Akt sich dar

Stöhnen, Ächzen, kraftlos Kriechen
Nun die Plattform dominiert
Keine Kraft, nur stet'ges Siechen
Dieser Abschnitt nun gebiert

Ach, die Zeit vergeht so zügig
Und die Stärke ist dahin
Arbeitskraft macht uns gefügig
Kraft jedoch liegt eher im Sinn

Greise blicken durch die Halle
Durch die Reihen, durch den Saal
Das Schauspiel wird zur Altersfalle
Jede Falte wird zur Qual

Lasst uns, ruft ein Greis der Menge
Ein neues Leben doch beginnen
Mit uns'res Wissens Jahreslänge
Könn'n wir neue Kraft gewinnen

Begeisterung erhellt die Plätze
Hoffnung leuchtet auf im Trakt
Doch meine Herrn, es gibt Gesetze
Ihr vergaßt den vierten Akt

Aus fahlem Nebel ausgespien
Ein Schatten nun die Bühn' besteigt
Mit langer Sense, gern verschrien
Der Fiedler schräge Noten geigt

Ein Raunen kämpft sich durch die Menge
Was die Bedeutung nunmehr sei
Ein Tummeln, panisches Gedränge
Wohnt des Derwischs Worten bei

Habt ihr, da ihr den Saal betratet
Und euch des Stückes ausgesetzt
Mich denn zu keiner Zeit erwartet
Insbesond're nun – zuletzt?

33

Alles rennt in Angst verdrossen
Auf die großen Tore zu
Doch aller Ausgang ist verschlossen
Ernüchterung erfolgt im Nu

Das Leben lehrt dich vieles brauchen
Was auch Lehrer nicht versteh'n
Wer als Kind nicht lernt zu krauchen
Wird im Alter niemals geh'n

Eine Acht beschreibt die Sense
Häupter mähend, stetig rund
Blut entströmt der Greisen Hälse
Leiber sinken in den Grund

Lautlos fällt der Vorhang nieder
Ein gierig schwarzes Leichenhemd
Auf ewig – öffnet nimmer wieder
Dies' Stück – vertraut und doch so fremd

Wenn die Puppe spricht

Es sprach die Puppe zu dem Kind
Kleiner, hör mir zu geschwind
Was brauchst du Freunde? Hast doch mich
Dir folgen will ich ewiglich
Da nahm das Kind die Puppe an
Und klammerte sich fest daran

Es sprach die Puppe zu dem Knaben
Gefertigt ist der große Graben
Weich und luftig dien' ich dir
Für die Ekstase bin ich hier
Da stieß der Knab in sie hinein
Und blieb in Zweisamkeit allein

Es sprach die Puppe zu dem Mann
Will zeigen, was ich alles kann
Gar schöne Spiele zeig ich dir
Ein wenig gib mir nur dafür
Da warf der Mann mit Gold umher
Er hing an seiner Puppe sehr

Es sprach die Puppe zu dem Alten
Nun sollst du auch dein Gold behalten
Denn ohnehin nicht fern die Zeit
Da ich von deiner Last befreit
Und so verschied der Greis gar schnell
In Glanz die Puppe strahlte hell

Nun sprach die Puppe zu dem Toten
Was du spieltest, war verboten
Was übrig blieb, war schwacher Wille
Verpuppte sich und lag in Stille
Zurückgekehrt nach Wurmes Fraß
Die Puppe an seiner Seite saß

Flimmerwelten

Ein flimmerndes Bild bewegt sich vor unseren Augen
Flackert eigenmächtig in elektrischer Ekstase
Realitätsferne Figuren mit selbstlosen Empfehlungen
Finden uns auch im Dunkel
Unseres intimsten Wohnraums
Wir folgen ihnen in illusorische Welten
Über manipulative Kabel an unserem Verstand
Längst ist der freie Wille reduziert
Auf Gummiknöpfe eines kleinen Tabletts

Die Wahl zwischen verschiedenen Lügen
Erscheint uns wie Freiheit pur
Verführt von schwatzenden Gauklern
Und unaufhörlich rülpsenden Wasserverkäufern
Wird unser Augenmerk rücksichtslos
Auf billigen Tand umgeleitet
Dankend fallen wir auf die Knie
Besessen von digitalen Dämonen
Die längst kein Testbild mehr kennen

Mimikry

Große Gedanken
Paranoide Ideen
Im breiten Bassin
Kollektiven Bewusstseins

Schwere Lasten
Schizophrenes Schaffen
In engem Raum
Materiellen Seins

Furcht, Angst
Euphorie
Berge und Täler
Fliehe

Steiler Weg zum Gipfel
Und tiefer die Täler
Tiefer – schwarz

Und höher die Gipfel
Wolken – Gott
Wie weit noch?

Frucht – Erkenntnis
Nicht mehr
Blicke aufwärts
Und siehe
Nichts ist, wie es scheint

Und ganz auf dem Gefühl der Höhe
Holt dich
Der Tod
Der Herr über allem

Unbemerkt

Im Lichte des Schöpfers uns wähnend
Ahnen wir Engel an unserer Seite
Schützend, unbesiegbar und wohlwollend
Auf weißen Schwingen getragen
Fürchten wir kein Unheil
Weiße Lügen, bar jeder Tatsache
Gepredigt von Pächtern der Wahrheit
Füllen Papierstapel
Und unseren Verstand

Indes unbemerkt
Ein schwarzer Geier von hinten
Seine Schwingen um uns legt
Lügen flüsternd küsst er uns
Rücklings am Gesäß
Genüsslich verzehrend
Den Kot, den wir von uns geben

Babel

Des Menschen Sehnsucht klagt ihm Leid
Sein Dasein strebt nach Ewigkeit
Alt Bücher Lehr verheißen Heil
Doch Zweifel werden ihm zuteil
So lernt er gern in stiller Stunde
Mühsam die Architektenkunde
Damit sein Name und sein Streben
Bewahret wird noch manche Leben
Prachtvoll jedes Monument
Ach – wenn es doch ewig ständ
Jeder Bau, all mächtig Werk
Des Menschen Stolz – vor Gott ein Zwerg

Der Zahn der Zeit – ein Kunstverächter
Seht, wie mit schallendem Gelächter
Sich Rieb und Fraß in Mauern krallen
Dass Holz und Stein zu Boden fallen
Wie Sturmwind durch die Ritzen pfeift
Sich des Mörtels Feste greift
Wie Flut und Wogen Wände tränken
Jedes Bauteil abwärts lenken
Wenn in orkangepeitschter Nacht
All Stolz in sich zusammenkracht
Und mit dessen traurig Reste
Zu guter Letzt die Erde mäste
Dann erst, Mensch, bist du benommen
Dem Fluch der Ohnmacht nah gekommen

Wenn deine Macht und Kraft und Stolz
Verschwunden ist im Unterholz
So aller Menschen kläglich Tand
Schwach erbaut auf Treibes Sand
Eingestürzt in Lärm und Tos
Die Erbauer fassungslos
Blickt in ihre Gesichter
Voller Ehrfurcht vor dem Vernichter
Alle Arbeit, alles Glück
Pulverisiert im Augenblick

Der Menschen Werke unverhohlen
Nie stoßen an der Engel Sohlen
Sehet, was sie taugen
Versunken vor Gottes Augen

Willkommen, Ungeheuer

Seht nur seinen irren Blick
Gesteuert von dem Grimmgehirn
Die Augen brennen in der Stirn
Wo bleibt nur der gerechte Strick?

Überzeugt von seiner Schuld
Schickt ihn der Schwarze fort für Jahre
Dass man im Käfig ihn verwahre
Dies ist das Ende der Geduld

Von Gutmenschen mit Kot beschmissen
Degradiert zum Ungeheuer
Beschwörend Teufel, speiend Feuer
Wird er der Straße fortgerissen

Was für ein Monster wird gehalten
Ist harmlos oft in freier Bahn
Latenter, grandioser Wahn
Wird hinter Gittern sich entfalten

Und wenn die Schuld gesühnet gilt
Die Tore öffnen sich erneut
Und was nie war, wird nie bereut
Verbitterung will sein gestillt

Hier lauert erst der wahre Graus
Der Mensch im Käfig wird erst recht
Durch and're faule Äpfel schlecht
Und kommt als Monster wieder raus

Dementia

Frag mich nach meinem Namen
Und ich nenne dir viele
Frag mich nach meinem Alter
Und ich sage dir eine niedrige Zahl
Frag mich nach meiner Adresse
Und ich nenne dir ein Zuhause

Was siehst du, wenn du in meine Augen
blickst?
Siehst du Irrsinn, Verwirrung und Tränen?
Dann blicke in die Seele dieser Welt
Sie erscheint dir logisch und durchorganisiert
Doch vergiss Wissenschaft, Rationalität
Und Gesetz
Denn all das hört bei mir auf

Wozu ich mich entschieden habe
Ist eine zweite Kindheit
In der alles zurückkehrt
Was mir genommen wurde
Was ich mir ermöglichte
Ist eine Zeitreise im eigenen Ich
Halte mich nicht auf
Meine Augen sind der Spiegel
Des Unergründlichen
Eine Tiefe, die du nicht überwinden kannst

Die Kluft zwischen uns kennt keine Brücke
Denn wir sind zwei Welten
Die nur zusammenwachsen
Wenn du die richtigen Fragen stellst

Frag mich, wer ich bin
Und ich sage dir, wer du sein willst
Frag mich nach meinem Alter
Und ich sage dir, wie jung du gern wärst
Frag mich nach meinem Zuhause
Und ich weise dir den Weg in die Glückseligkeit

Hass und Verachtung

Es ist mir ein Vergnügen
Meinem Hass und meiner Verachtung
Ausdruck zu verleihen
Wunderbare Aggressionen
Gelebt in einer bitterbösen Gesellschaft
Wer vertritt die rechte Seite?

Gewalt, Gemeinheiten, Sadismus
Von kranken menschlichen Gehirnen
Zur Leidenschaft herangezüchtet
Bin ich krank
Diejenigen zu hassen und zu verachten
Die hassen und verachten?

Ich hasse die schlechte Welt
Doch versuche ich mit meinem Hass
Und meiner Verachtung
Keineswegs etwas zu verbessern

Denn hätte ich Erfolg, wäre ich unglücklich
Weil ich ohne meinen Hass
Und meine Verachtung
Nicht leben könnte

Himmelsglut

Lichterlohes Flammenspiel
Im Ofen dort erwärmt die Diel'
Funken sprühen, kleine Stern'
Mitten in des Feuers Kern
Glüht ein Stein in grellem Lichte
Macht das Schwarz der Nacht zunichte

Regen trommelt an die Scheiben
Ob des Sturmwinds heft'gem Treiben
Durch den Sims die Tropfen fallen
In des Feuers Flammenkrallen
Vom Stein erfasst sie rasch vergehen
Ein Zischen leis ihr letztes Flehen
Wie jede Wahrheit, ignoriert
Durch heiße Lügen fortgeschmiert

Schweigend wärm ich meine Glieder
Gedanken steigen auf und nieder
Erblick die Glut, doch seh allein
Die Tropfen auf dem heißen Stein
Die Perlen, glühend aufgelesen
Sind sie je dahier gewesen?
Sekunden währt nur ihr Bestehen
Woll'n bodenwärts herniedergehen
Doch siedend Fels erteilt die Rüge
Der Stein der Weisen – eine Lüge?

Was ist Wahrheit, was ist Trug?
Die Sinne fassen nie genug
Wie der Berg in weiter Ferne
Zum Zwerge macht sich allzugerne
Zum Riesen wird, steht man davor
Erkennt man selbst sich oft als Tor

So flüchten wir in uns're Betten
Hoffend, Hypnos kann uns retten
Der Trinker legt sich hin mit Brand
Und träumet vom Schlaraffenland

Doch Traum – wie soll er Lüge sprechen?
Lasst uns eine Lanze brechen
Wie kann man Lügen auch nur nennen
Ohne Wahrheit erst zu kennen?
Die einz'ge Wahrheit, die wir schauen
Liegt im Tod mit seinem Grauen

So werden wir dereinst besiegt
Vom Kontinent, der in uns liegt
Vom Kontinent in jedermann
Und Traum – liegt er nicht nah daran?

Ein Narr, wer seinen Augen traut
Ein Narr, wer auf Geschmäcker baut
Der gleiche Narr baut auf Geräusche
Wie der, den seine Nase täusche

Ein jeder mag noch lange munkeln
Solang die Wahrheit liegt im Dunkeln
Kann all Reales nie mehr sein
Als Tropfen auf dem heißen Stein

Zaunreiter

Zwischen Welten wandernd stetiglich
Beim Drahtseilakt
Zwischen Funktion und Willen
Sitze ich auf dem Grenzstein
Dessen Substanz allmählich verblasst

Keiner Seite zugehörig
Ist der Zaun
Das gesamte Universum des Balancierenden
Streift er doch stets nur
Die Grenzen beider Welten

So muss auch der Zaunreiter
Sich dereinst für eine Seite entscheiden
Bevor der spitze Grenzpfahl
Sich in seinen Leib bohrt

Nein, ich funktioniere nicht
Bin der, den ich selbst schuf
Und keine eurer Maschinen
Im Geflecht einer tödlichen Matrix

Meine Materie entschwindet euren Blicken
Sucht mich jenseits des Grenzsteins
Auf der anderen Seite
Doch scheitert ihr an der Verführung des Zauns

Steingehirn

Scheinbar sitz' ich hier, für euch zum Geschenk
Und denk
Und denk

Man stellte mich in dies' Freigehege
Damit ich überlege
Und überlege

Besucher erscheinen in Scharen wie Affen
Und gaffen
Und gaffen

Was glaubt ihr denn in mir zu sehen
Im Gehen
Oder im Stehen?

Was denkt ihr denn wohl, was ich denk?
Mein Gehirn ich verrenk
Euch zum Geschenk

Von kaltem Stein und eisernen Planken
Werden zurückgeworfen eure Gedanken
IHR seid's, die ihr philosophiert
Über das, was wohl in mir passiert

Denn mein Hirn bleibt steinern und dumm
Ich bin nur ein Anreiz, und darum
Danke ich für die Aufmerksamkeit, die ihr mir schenkt
Während ihr denkt
Und denkt
Und denkt

Modifizierte Ängste

Einst trug die Angst ein schwarzes Gesicht
Anzutreffen in finsteren Gemäuern
Und dunklen Seelen
Warnte sie ihren Wirt vor dem Unbekannten
Das in fahlen Ecken lauerte

Schwarz und Weiß
Leicht erkennbare Gegensätze
In tumben Köpfen
Und Verstandesmustern verankert
Trennten das Licht vom Schatten

Dimensionswechsel und Quantensprünge
Machten auch vor der Gefahr nicht halt
Und zeigen uns nunmehr
In kryptischen Zeichen
Hier beginnt das Dämonenrevier

Die Angst ist der dualen Welt entwachsen
Die unheimlichen Schatten
Sind nicht mehr nur schwarz
Der Horror schlägt uns mehrfarbig entgegen
In wildem Graffiti

Unerreichbar

Sehnsüchtig blicke ich auf eine Welt
Voller Glanz, Überfluss und Freude
Nur Millimeter von mir entfernt
Steht sie im Kontrast zu dem Schlamm
In dem ich sitze
Doch die Schwelle ist unpassierbar
Gesichert durch eine Panzerglasscheibe
Nur mein Blick schweift hinüber
Und das unbändige Verlangen, ihm zu folgen

So bleibt mir das Brecheisen
Nur zum Herauspulen meiner Augen
Weil ich den bloßen Anblick nicht ertrage
Doch das Gefühl
Meines im Dreck versunkenen Arsches
Es bleibt
Jedoch nunmehr ohne Vergleichsmöglichkeit
Und während leblose Augäpfel
Den Anus verschließen
Richten sich leere schwarze Höhlen
Weiterhin auf das Unerreichbare

Pfauenkleid

Balzend plustert der Pfau sich auf
Bietet sein Federkleid der Weibchenwelt feil
Hoffend auf innige Vereinigung
Und baldige Entleerung in orgiastischer Ekstase

Beachtet auch von des Menschen Niedrigkeit
Verliert er indes seine Federn an den Pöbel
Zur bloßen Brechhilfe degradiert
Liegen sie an der Seite des Tellers
Zur Ausspeiung dessen
Was uns zu viel geworden

Nachlatschcharakter

Es gibt eine Welt
In der deine Wünsche wahr werden
Sie wird dir versprochen und präsentiert
Von Intelligenzen, die du nie begreifen wirst

Du musst nicht erst sterben
Um sie betreten zu können
Allein die Nachfrage reicht aus
Das Jenseits Christi wurde längst abgelöst
Von pixeligen Paradiesen auf Erden

Such dir ein passendes Cover aus
Und spiele das Spiel
Folge bewusst den Falschen
Entrücke, verblöde, mach dir was vor

Wenn du die Realität
Nicht mehr zu gestalten weißt
Willkommen in der Cyberwelt

Geister von morgen

Gefangen zwischen Knochen und Fleisch
Fristen wir unser Dasein in Angst
Vor der Existenz
Vor dem Nichts
Vor den Schatten
Wir sind bereits anwesend
Doch schlafen wir noch
Sobald das Fleisch ermüdet
Erwachen wir
Nur keine Furcht
Denn wir selbst sind die Geister von morgen

Stadt ohne Gassen

Die Stadt ohne Gassen
Liegt jenseits der Zeit
Wo fern aller Massen
Die Furcht sich befreit

Oft nahm ich ihn wahr
Diesen lockenden Ruf
Des nächtigen Mahr
Der den Abgrund mir schuf

Verwuchert der Weg
In des Schlafes Abyss
Brüchig der Steg
Zwischen Bohle und Riss

Liebe und Maß
Im Callosum entzweit
Madiger Fraß
Aus Fremdartigkeit

Kryptische Worte
Geflüstert, gehaucht
Verlassene Orte
In Nebel getaucht

Wogend und schäumend
Die frierende Flut
Tot, jedoch träumend
Der Mächtige ruht

Sehnendes Schallen
In schwarzkaltem Stein
Zyklopische Hallen
In lichtlosem Schein

Die Träume sich winden
Zwischen Wahrheit und Trug
Dimensionen, die schwinden
In spöttischem Spuk

Singsang im Chore
Bald ist es vollbracht
Nicht fern mehr die Tore
Sie öffnen sich sacht

Devote Erkenntnis
Durchschnitten der Strick
Willkommen, Verhängnis
Salut Dir, o Yig

Das Böse

Auch mit Liebe tief im Herzen
Wird das Böse niemals zahm
Nächtlich kommen diese Schmerzen
Unerbittlich – Gott erbarm

So die Heiden und die Frommen
Am Tage man darüber lacht
Bei Vollmond gibt es kein Entkommen
Der Schrecken lauert in der Nacht

Wenn der Mensch erst rundherum
Zu einem Biest herangereift
Und das Grauen still und stumm
Mit kalten Klauen um sich greift

Luzifers Lamento

Wie viele Kirchen vermitteln deine Güte?
Wie viele haushohe Lügengebilde
Ragen in den Himmel hinauf?
Dein zu Tode gefolterter Jüngling
Ans Kreuz geschlagen
Angebetet von einer Herde dummer Schafe
Kann ein solch grausamer Gott Liebe schenken?

Ich sehe ein Meer von Blut
Vergossen in deinem Namen
Und eine Sintflut von Tränen derer
Die an dich glaubten
Wie kann ich den Worten
Des Priesters vertrauen
Sehe ich doch ständig
Die Hoden unter seiner Zunge?

Hucke dich hinten auf
Wie ich mich hinten aufhucke
Meine Hörner geben dir Halt
Mein Bocksfuß geleitet dich über das Land
Und meine Schwingen
Tragen dich über Luft und Wasser

Du leidest unter den Regeln Gottes
Und preist seinen Namen
Du predigst gegen die Lüge
Und belügst nur dich selbst

Wie lange noch willst du einem Gott dienen
Dessen wahre Absichten
Du niemals verstehen wirst
Und dessen irdische Diener
Dich ausnehmen wie Schlachtvieh?

Spätestens, wenn die Erde
Ihren Anteil von dir zurückfordert
Und die Würmer deine Eingeweide zerreißen
Wirst du begreifen
Dass Keuschheit nicht ins Paradies führt

Doch folge mir
Bevor du das Leid
Der Verwesung erdulden musst
Sollst du die Freuden der Sünde genießen

III ABSTURZ IN DIE DUNKELKAMMER III

Ein Vakuum

Der Druck im Kopf – kaum zu ertragen
Und mehr strömt ständig auf mich ein
Es passt allmählich nichts mehr rein
Doch wird mich niemand danach fragen

Was ich brauch', ist ein Ventil
Um Überdruck mir abzulassen
Bin längst schon nicht mehr Herr der Massen
Der Überdruck wird mir zu viel

Fratzen – grinsend, herzenskalt
Stopfen mit Geschwindigkeit
Ihren Kot in meine Zeit
Verüben psychische Gewalt

Wie Teufel an der Kinderseele
Fallen sie wild über mich her
Das Hirn, es platzt, der Kopf wird schwer
Und stets erschallen mehr Befehle

Dämonen sind sie allesamt
Verfügen über meine Tage
Und bringen mich in schlimmste Lage
Zur Depression bin ich verdammt

Ein Vakuum muss her geschwind
Damit Erlösung ist gegeben
Und kostet es mich auch das Leben
Im Druck das Hirn oft Koks ersinnt

Und als den Abzug nun ich drücke
Ein Loch in meinen Kopf sich bohrt
Der Druck – er zieht von dannen, fort
Von mir bleibt nichts als eine Lücke

Doch diese Lücke darf nicht sein
Denn der Prozess wird arg behindert
Das Vakuum saugt unvermindert
Und schon passt sich der Nächste ein

Mein Spiegelbild

Mein Spiegelbild, es grinst mich an
Ich blicke auf einen diabolischen Mann
Und wie ich mich drehe, wie ich mich auch stelle
Gegenüber von mir steht ein Mordgeselle

Er verfolgt mich bis in die nächtlichen Daunen
Scheint mir verächtliche Dinge zu raunen
Begleitet den Traum auf Schritt und Tritt
Und selbst in die Gebete kommt er mit

Stets wird er da sein, ewiglich
Denn ich bin er, und er ist ich
Eine Trennung lohnt sich nicht zu wagen
Alle Spiegel kann ich nicht zerschlagen

Und doch kommt fremd er oft mir vor
Wie ein Kunstobjekt aus Satans Labor
Er sieht mir ähnlich im Gesicht
Doch boshaft, nein, das bin ich nicht

Doch manchmal, ohne es zu wollen
Da tausch ich doch mit ihm die Rollen
Und wenn ich getan, was er befahl
Hab ich die Reue, er den Gral

Da steht er wieder und starrt mich an
Bis ich mich nicht mehr wehren kann
Und wieder ziehe ich für ihn hinaus
Verlasse messerwetzend das Haus

Die Ärzte sprechen von Hysterie
Den wahren Schuldigen kriegen sie nie
Der nichts als Glas benutzt zum Schild
Den Mörder, den Drack – mein Spiegelbild

Anomalie

Es war ein normaler Tag im Mai
Menschen und Autos rauschten vorbei
Und gleich einer undurchsichtigen Strategie
Schlug sie wieder zu, die Anomalie

Die Leute wirkten verstörend und fremd
Die Laute der Schritte verschluckt und gehemmt
Die Dinge, die mir ansonsten vertraut
Erschienen mir drohend und seltsam gebaut

Die Logik der Welt, sie kippte im Nu
Und was mir bekannt war, es wurd' zum Tabu
Mein Verstand, er wurde auf links gezogen
Und alle Realität, sie war verbogen

Eine irre Panik befiel meinen Geist
Denn alles Normale, es schien wie verreist
In allem bot sich die Szenerie
Wie eine zerfließende Galerie

Ich rannte durch eine fremde Welt
Trotz Bewegung wie an den Rand gestellt
Wie ein Beobachter, doch integriert
Als wär' alles für mich inszeniert

Und wie immer fing ich an zu schreien
Mich von der Unwirklichkeit zu befreien
Doch ist es nicht möglich zu entkommen
Die Furcht wird mir nicht abgenommen

Die Situation steigert sich ins Furiose
Und mündet in eine Metamorphose
Ich liege in einem sterilen Zimmer
Unter Tränen und Gewimmer

Weiße Gestalten umringen mich
Reden auf mich ein und bemühen sich
Mir zu suggerieren, alles sei gut
Doch das Ergebnis ist blinde Wut

Sie verabreichen mir eine Flüssigkeit
Entlassen werde ich in Gleichgültigkeit
Doch bald schon zwingt es mich zurück in die Knie
Denn dann kommt sie wieder, die Anomalie

Der leise Ruf

Kennst du den Ruf, der dir sagt: *Komm nach Haus?*
Oft pflegt er zu gehen dem Schnitter voraus
Stets lockend und weisend mit Friede er wirbt
Bis selbst deine Freude am Dasein erstirbt

Meist weht er von ferne in dunkelster Nacht
Wenn Melancholie oder Trauer dir lacht
Er lockt mit Gesichtern, mit Stimmen der Zeit
In der du noch warst für Erfahrung bereit

Die Einsamkeit bringt diesen Ruf dir empor
Nur eine Bewegung, geöffnet das Tor
Doch ob er nur lügt, ob Wahrheit er spricht?
Die Reise zurück, die verheißt er dir nicht

So bleibt nur die Hoffnung, mit Ängsten gepaart
Beim Antritt der letzten, der finalen Fahrt
Und während die Klinge die Finger verlässt
Ein purpurner Rinnsal die Ärmel durchnässt

Sie

Ich hör ihre Stimmen, die Schritte, den Gang
Allein schon ihr Atmen macht mich bereits krank
Ich seh sie als Leere, getarntes Getier
Doch ständig grinsen sie hinter mir

In leeren Räumen lauern sie oft
Ihr Flüstern erreicht mich ganz unverhofft
Und auch auf den Straßen, das will ich beschwören
Blick ich in Augen, die keinem gehören

Und will ich entfliehen mit klagender Bitte
Beschleunige daher meine Schritte
Imitieren sie lachend meine Füße
Damit ich für jeden Fehltritt büße

Sie raunen grässliche Dinge mir zu
Damit ich das, was sie wollen, auch tu
Die Weigerung endet mit Schmerz und mit Pein
Denn Ungehorsam darf bei ihnen nicht sein

Hab alles getan, was sie mir befahlen
Doch täglich kommen sie mit neuen Qualen
Sind stetig präsent, ob still, ob wild
Ob hinter mir oder im Spiegelbild

Zum Mörder wurd' ich auf ihr Gebot
Zum Dieb, zum Schänder, zum Schlagetot
Was kann ich denn tun, um Frieden zu finden
Als weiter unter ihrem Lachen mich winden?

Sie sind gekommen, um mich zu holen
Um meine Seele wurde ich bestohlen
Und wieder beuge ich mich ihrer Macht
In der Hoffnung, ich hab alles richtig gemacht

Schwarze knopfäugige Strumpfpuppen

Wie habe ich sie geliebt
Meine schwarzen knopfäugigen Strumpfpuppen
In Tagen der Unbeschwertheit
Leidend an den Klauen der Einsamkeit
Des Laufens und Sprechens noch kaum fähig
Wo sind sie geblieben?

Aus den Tiefen der Spielzeugkiste
Holte ich sie hervor
Wie liebte ich sie
Wie quälte ich sie
Marterte sie bis aufs Blut
Hinfortgeweht durch den Wind der Zeit
Nahmen sie einen unbekannten Weg
Es blieb nur die Einsamkeit

Seid meine schwarzen, knopfäugigen Strumpfpuppen
In Kellern der Verzweiflung
In denen Eure Schreie ungehört verhallen

Leidet durch mich
Ohne Namen
Ohne Zukunft
Führt mich zurück
In die dunklen Verliese der Kindheit
In denen ich frei war
Weil niemand sah, was ich tat
Mit meinen schwarzen knopfäugigen Strumpfpuppen

Augen

Auf mich gerichtet an jedem Ort
In der Öffentlichkeit und im eigenen Hort
In klarem Wasser und trüben Laugen
Augen, Augen

Sie verfolgen mich auf Schritt und Tritt
Auf kurze Distanz und auf langem Ritt
Kann weder vor noch zurück – wozu soll ich noch taugen?
Überall Augen, Augen

Wo ich auch wandle, wo ich auch bin
Überall gehen sie mit mir hin
Stieren mir nach, wollen Lebenskraft saugen
Augen, Augen

Sie engen mich ein in Klaustrophobie
Erzeugen Paranoia und Agonie
Bestrebt, mich weiter zur Flucht zu drillen
Blicke, Augen, Pupillen

Die Klinge tötet mein Augenlicht
Ich treibe sie tief in mein Gesicht
Endlich erlöst bin ich wie ein Kind
Blind, blind

Gipsgesicht

Längst umschließt die weiße Hülle
Die Fratze, über die ihr lachtet
Und noch immer geht der Gips nicht zur Neige
Bedeckt weiterhin Haut, Wunden und Emotionen
Unbarmherzig

Porzellanhaft weiß weist die Mauer am Antlitz
Eure guten und schlechten Absichten zurück
Wie das Licht, das keinen Einlass mehr finden kann
Und längst zum Virus für die Verbitterung wurde
Tödlich

Schicht um Schicht errichtete ich mir
Die harte Maske auf meiner Gesichtshaut
Jede Zähre seelischen Schmerzes
Härtete den Gips ein Stück mehr
Unaufhörlich

Nach Jahren der Stille
Der Tränen und der Verzweiflung
Blicken leere Augenhöhlen aus der Larve
Ausdruckslos und starr
Unbeweglich

Und wenn du es geschafft hast
Mir mein Gipsgesicht zu entreißen
Wirst du feststellen
Dahinter verbirgt sich
Nichts

Das Flüstern

Es war in den Zeiten der Einsamkeit
Wo keine Seele ich traf weit und breit
Da starrte ich nachts in die finsteren Schatten
Und hörte sonst nichts als das Kratzen der Ratten

Ganz plötzlich vernahm ich in meinem Gemach
Als ob jemand leise und hohl zu mir sprach
Ein Flüstern, ein Raunen, ein einziges Wort
Wer rief meinen Namen an einsamem Ort?

Ich blickte mich um, doch sah ich nur
Die Schwärze der Nacht und den Zeiger der Uhr
Der anteilslos sich fortbewegte
Sich langsam über die Mitternacht legte

Es war die Stunde der Geister, der Toten
Und gleich einer Nachricht ihrer Boten
Wehte das Wispern erneut durch die Kammer
Erschien wie ein Freund ohne Leid und Jammer

Lüstern lauschte ich seiner Kunde
Der Botschaft aus unsichtbarem Munde
Zu Türen wurden mir Schlüssel gegeben
Nach denen ich trachtete ein ganzes Leben

Geheimnisse wurden mir offenbart
Zu denen der Zugang im Sande verscharrt
Und nächtlich fand ich das Flüstern zu Gast
Das niemals die Geisterstunde verpasst'

Die einsamen Jahre, sie schienen vorbei
Die Jahre der Studien, der Quälerei
Die Jahre, in denen ich Antworten suchte
Und ob neuer Fragen den Himmel verfluchte

Bald begriff ich die Kosmologie
Die Kabbala, die Mystik, die Alchemie
So widmete ich mich dem nicht Genannten
Und schloss Freundschaft mit dem Unbekannten

Äonen vergingen in nächtlichem Plausch
Mein Geist ward benebelt in göttlichem Rausch
Es wurd' mir nicht klar, was bald um mich wehte
Als langsam der Inhalt der Botschaft sich drehte

Was einst als liebevoll, göttlich beschrieben
Wurd' plötzlich morbide, verächtlich, durchtrieben
Zu flüchten gedacht' ich aus meinen Hallen
Doch war ich dem Flüstern bereits verfallen

Sobald ich mich stärkte und doch etwas bangte
Das Flüstern sofort die Kontrolle erlangte
Ich durfte nicht rasten und durfte nicht ruh'n
Denn was es befal, das musste ich tun

Und unter Zwang lief ich hinaus in die Nacht
Von Mächten gesteuert, die einst ich verlacht'
Und wo ich dann wandelte und was ich tat
Das waren die Triebe dämonischer Saat

78

Bis schließlich meine geistige Wehr
Sich durchsetzen konnte nimmermehr
Nun musste das Flüstern mich nicht mehr für jeden
Seiner Greuelaufträge erst überreden

Eine Freiheit, wahrlich, hat es mir geboten
Den Zwang zur Jagd auf rasenden Pfoten
Ohne Angst, doch voller Gier
Was es will, das nehme ich mir

Und nach wie vor bin ich auf den Wegen
Im Dunkel komm ich euch entgegen
Seht meine Fratze, verdorben und lüstern
Und hört das Flüstern, das Flüstern, das Flüstern

IV ZWISCHEN GRÄBERN UND GRUFTEN IV

An die Glücklichen

Ihr habt das Schwerste im Leben geschafft
Und eine Lücke nun zwischen uns klafft
Die Geschichte stellt euch auf stolzen Fuß
Ihr Glücklichen – euch gilt mein Gruß

Eure Namen werden nur ehrend genannt
Und niemals zu Asche und Kohle verbrannt
Und wenn es so wäre, wen störte es schon?
Denn Glück, erst genossen, vernichtet kein Hohn

Und jedem von euch ward ein Denkmal gesetzt
Die Namen für ewig in Marmor geätzt
In Reih' und Glied benachbarn sie sich
Vermutlich auf immer und ewiglich

Und ihr wohnt darunter, ihr Glücklichen, ihr
Hätt' ICH doch den Lebensschmerz hinter mir
Ihr habt ihn gemeistert, ihr habt ihn besiegt
Ihr Glücklichen, die ihr im Grabe liegt

Entleibung

Als man mir auf die Schliche kam
Da jagte mich nicht unwirksam
Eine Polizistenhorde
Für all die feigen Frauenmorde

Doch reicht die Zelle nicht zur Sühne
Es wartet eine and're Bühne
Kein Platz für meinerlei auf Erden
Drum soll entleibt ich heute werden

Gelassen blicke ich dem Strang
Entgegen, wenn auch ohne Dank
Vorm Tod empfind' ich keinen Schrecken
Doch die Stunden sich sehr strecken

Und so komm' ich auf Gedanken
Die sich um die Wortwahl ranken
Was mit Entleibung denn gemeint
Wenn Geist und Körper unvereint

So rätselt nun mein Hirngeäst
Was den Menschen denn verlässt
Um zu ergründen klipp und klar
Was nach dem Scheiden nicht mehr da

Doch dazu ist es gut zu wissen
Was das Ich nicht darf vermissen
Und so sprech' ich die Frage aus
Was macht denn den Menschen aus?

Ist es die Seele, die den Leib
Verlässt zum erdigen Verbleib?
Oder flieht der Leib der Seele
Damit sie der Verwesung fehle?

Fragen folgen über Fragen
Ein Grübeln, kaum mehr zu ertragen
Doch liegt der Schlüssel zum Orakel
Wohl im Bewusstsein, welch Debakel

Denn was ist dieses Funkens Wirt?
Ist das Hirn sein treuer Hirt?
Oder ist's der Seele Grund
Der das Bewusstsein hält gesund?

Wichtig ist der Fortbestand
Im unbekannten fremden Land
Doch kann das Hirn dort nicht bestehen
Der Geist muss mit der Seele gehen

Die Antwort suchte ich seit Stunden
Heureka, nun ist sie gefunden
Doch bei aller Akzeptanz
Erscheint mir nun der Rattenschwanz

Denn wenn die Seele weiterlebt
Ist um Erlösung sie bestrebt
Und nach den vielen Missetaten
Da muss ich in der Hölle braten

Nun kommen sie, um mich zu holen
Und um mir ganz unverhohlen
Den Strick zu binden, Gott erbarm
Schon packt der Henker mich am Arm

Jetzt nützt es nichts mehr, wenn ich bete
Ich schreie, beiße, schlage, trete
Doch herzlos werd' ich fortgerissen
Und gleich darf ich die Wahrheit wissen

Tenebrosus

O Augenlicht
Welches du begleitetest mich ein Leben lang
Welches du mir offenbartest alle Schönheit dieser Welt
Wie sehr vermisse ich dich

O Blindheit
Welche du brachst grausam über mich herein
Welche du beraubtest mich jeglichen Lichtes
Wie sehr verachte ich deine Schwärze

Wie nur
Kann ich lebend erkennen
Den diffusen Schein hinter der Düsternis
Schwärzer denn schwarz
Ein unmöglich Ding

O Leben
Welches du brachtest mir Finsternis und Angst
Welches du zeigtest mir Dunkelheit und Schatten
Wie bin ich deiner müde

O Thanatos
Welcher du versprichst mir Leuchten und Hoffnung
Welcher du bringest mir Erlösung und Frieden
Wie harre ich deiner

Was aber
Wenn ich sterbend erkenne
Der Lichtschein am Ende des astralen Tunnels
Ist doch auch bloß Trug
Ein Irrlicht nur

Auf Gedeih und Verderb

Erinnerungen
Gedanken aus dem Staub unserer Vergangenheit
Aufgewachsen fast wie Brüder
Seite an Seite
Ein Weizen für dich, einen Whisky für mich
Den Blick stets gemeinsam nach vorn
Den Kopf hoch und immer geradeaus
Und oft scheinbar zertreten am Boden
Reckte sich doch die Faust
Siegreich zum Himmel hinauf
Den letzten Kampf konntest du nicht mehr gewinnen
Denn der Gegner war bereits ein Teil von dir
Was aber kann der Tod letztendlich ausrichten
Im Angesichte einer solchen Freundschaft
Dein Lebensweg wird mir ein Vorbild bleiben
Und zeit meines Lebens die Richtung weisen
Und weiß ich auch nicht
Wohin Thanatos dich führte
Auf deinem letzten Gang
So ist dennoch eines gewiss
In meinem Herzen wirst du mich für immer begleiten
Ich werde dich niemals vergessen
Mein Freund

Gebt mir meine Würmer zurück

Gebt mir meine Würmer zurück
Lasst sie sich an meinem geschundenen Körper laben
Meine Vergangenheit vernichten, verleugnen
Gebt mir meine Würmer zurück
Auf dass sie ausradieren, was ich mir erhoffte
Die zweite Chance entpuppte sich als Illusion
Nicht neues Fleisch bringt die Erlösung
Keine neuen Augen vermögen die Realität zu ändern
So sehne ich mich nach der Kälte des Erdreichs zurück
Sie war zärtlicher als das Leben
Und die Auflösung finde ich nur dort
Gebt mir meine Würmer zurück
Und ich klage nimmermehr

Das Stundenglas

Die Sanduhr, die lebenslang neben mir stand
Und die durch die Drehung stets voll bis zum Rand
An sie gilt es stets zu denken
So tracht' ich danach, sie wieder zu wenden
Doch stelle ich fest, sie wird gehalten von Händen
Mit knochigen Gelenken

Ich hebe den Blick und sehe in ein Gesicht
Zu wem es gehört, daran zweifle ich nicht
War er doch stets Teil meiner Worte
Es ist der Schwarze, der grimmige Schnitter
Aus aschgrauen Welten der schreckliche Ritter
Und nun steht er drohend vor Orte

Wie hab ich ihn oft nicht im Rausch nur verlacht
Ihn zum Mittelpunkt meines Humors gern gemacht
Sein Erscheinen schien ja noch weit
Nun baut er sich auf wie ein Drache vor mir
Denn um mich zu holen, darum ist er hier
Doch bin ich noch gar nicht bereit

In Verzweiflung schlage ich einen Handel vor
Verlange Aufschub gegen Gebet und Chor
Lege all meine Hoffnung hinein
Das Grinsen als Antwort gleicht einem Brennen
Und ich bin gezwungen, entsetzt zu erkennen
Darauf geht der Fahle nicht ein

Stattdessen nähert sich das Glas meinem Gesicht
Der Versuch, es abzuwenden, gelingt mir nicht
Beim Erschallen des letzten Horns
Und voller Grausen verfolgen die Pupillen
In Zeitlupe, wie um die Angst zu stillen
Das Fallen des letzten Korns

LIEBE UND TOD

Die verstaubte Spieluhr

Vor Tagen ich im Keller stand
Stierend still von Wand zu Wand
Zuletzt ich diese Spieluhr fand
Mit traurigsüßer Melodie
Erinnerung an ferne Zeit
Macht sich in den Gedanken breit
An Glück und Liebestraum zu zweit
Und Tage voller Harmonie

Als dieses Kleinod ich dir brachte
Und sein Klangbild sanft und sachte
Hauchgleich durch die Räume lachte
War sie noch weit, die Lacrimose
Doch diese Liebe, die wir träumten
Vor Gefühlen überschäumten
Starb, weil Wirklichkeit wir säumten
An den Dornen einer Rose

Staub die Spieluhr nun bedeckt
Und auch das Innere verdreckt
Die Melodie, sie wird befleckt
Schon gibt sie keinen Klang mehr her
Platzier das Stück an deinem Stein
Sie ist wie ich auf ewig dein
Noch einmal drück den Knopf ich rein
Doch die Spieluhr klingt nicht mehr

Claudette

Im Winkel dieses dunklen Raums
Dreht ein Zeiger seine Runde
Das Uhrwerk treibt ihn rasch voran
Und schlägt zur vollen Stunde

Sein Werk wird ein Geheimnis bleiben
Die Zeit, wie sie vergeht
Wie Änderung sie suggeriert
Und sich der Zeiger dreht

Claudette war's, die die Zeit mir nahm
Durch Fässer roten Weins
Die Zeit – der große Scharfrichter
Der Mörder allen Seins

Es gab so manche Freud für uns
Für mich alleine nie
Die Zeit nahm mir mein Liebstes fort
Und brach die Symmetrie

So hock ich hier in dunkler Nacht
Muss höh'ren Mächten weichen
Sitz tief im Rausch der Einsamkeit
Und warte auf ein Zeichen

Der Becher Gift steht wohl bereit
Ade zu allen Dingen
Ganz sanft hör ich den Himmelschor
Der tausend Engel singen

Nun sink ich ins Mysterium
Wohl heim zu meiner Lieben
Doch was geschieht? Das Himmelsheer
Wird nun schier aufgerieben

Die Schar der Engel – wie's mir graust
Formt sich zu einer Tatze
Und obenan verzieht es sich
Zur schwarzen Teufelsfratze

Es grabscht die Tatz', die Fratze lacht
Und zieht mich in die Glut
So hat die Zeit auch mich gedreht
Wie sie's mit jedem tut

Im Winkel dieses dunklen Raums
Dreht ein Zeiger seine Runde
Das Uhrwerk treibt ihn rasch voran
Und schlägt zur letzten Stunde

Entfernungen

Entfernungen zwischen Menschen
Entfernungen in ihrem Handeln und Tun
Du standest mir gegenüber
Und warst doch so fern
Zwei gleiche Seelen
Doch so fern voneinander
Von Entfernung geblendet vergaß ich
Dass es Träume sind
Die zwei Menschen verbinden
Bei Gott – ich träumte
Du wärst ich

Morgengrauen

Rötliche Wolken
Da draußen, fürwahr
Ein purpurnes Tröpfeln
Hier drinnen, so nah

Gewaltig der Himmel
Von Engeln bewacht
Endgültig die Wahrheit
Der ewigen Nacht

Die Worte, sie klangen
Von dir doch zu mir
Ich wollte nicht hören
Was los war mit dir

Nun blick ich nach draußen
Der Himmel so rot
Ich blick in die Stube
Und sehe dich tot

Die Adern zerschnitten
Das Leben schon fort
Wo werd ich dich finden?
Wie komm ich nach dort?

Die Röte des Morgens
Den Himmel umspannt
Sie spiegelt den Rinnsal
Entspringend der Hand

Es scheint eine Bindung
Mit ihr zu besteh'n
Von dort einst gekommen
Wirst dorthin du geh'n

Nun flieg wie der Vogel
Dem Rot hinterher
Und treib wie die Wolke
Ich halt dich nicht mehr

So bleibt nur am Ende
Mein trauriger Blick
In die Röte am Himmel
Du kommst nicht zurück

Die Schneekugel

Die Schneekugel, die du mir einst schenktest
Sie ruht zwischen meinen Fingern
Das Friedhofsmotiv wird wieder und wieder
Mit weißer Asche verdeckt

Jede Bewegung erzeugt erneut
Einen Sturm im Wasserglas
Und die ersehnte Ruhe
Ist bei Handhabung nicht möglich

Das Symbol für den Winter
Für die Kälte, das Eis
Klebt bereits in meiner Hand
Oder ist es mein Herz?

Mit zu Diamanten verhärteten Tränen in den Augen
Blicke ich in die Schneekugel
Während ich langsam erfriere
An einer erkalteten Liebe

VI AUS FAHLEN GEFILDEN VI

Geschichten aus dem Odenwald

War einst ein Wirt im Odenwald
Der führte die Taverne
Dort war es dunkel, feucht und kalt
Doch fand man ein sich gerne
Den Gästen war sie sehr bekannt
Aus vielen Gen'rationen
Wer Speis und Trank bestellte, fand
Stets üppige Portionen

Gast, tritt ein
Bleib nicht allein
Nimm Platz an einem Tischchen

Die Tische waren stets besetzt
Und ließen keine Lücke
Der gute Ruf war nicht zuletzt
Auch zu des Wirtes Glücke
Doch dort im dunklen Winkels Eck
Man konnt' es kaum erkennen
Stand hölzern Ding, voll Staub und Dreck
Das kaum wer wagt zu nennen

Dort stand allein
Ohn' Gast und Wein
Ein herrenloses Tischchen

Ein jeder wusst', was Tischlein war
Doch hüllt' man sich in Schweigen
Denn nur ein ungelehrter Narr
Tanzt bar den Geisterreigen
Was jeder wusst' und keiner sprach
Sollt' ein Mysterium bleiben
Denn was in bald'ger Zukunft lag
Das Tischlein konnt' es schreiben

Wer ist so weise
Und lüftet leise
Das Rätsel um das Tischchen?

Einst kam ein Jüngling durch die Stadt
Zur Rast in der Taverne
Und sehnte sich zu speisen satt
Er kam aus weiter Ferne
Die Plätze war'n vergeben all
Bis hin zum letzten Tische
Und weil er stand vor Schlafes Fall
Nahm Platz er in der Nische

Die Ohren gespitzt
Ein Fremder sitzt
Am Odenwalder Tischchen

Ein Raunen wogte durch den Raum
Den Wirt winkt' her der Bube
Und zitternd – wie in Alpes Traum
Wankt' er ins Eck der Stube
Mein Herr, Ihr solltet hier nicht sein
Kein Ort für einen Knaben
Nehmt an der Theke Euren Wein
Tut dort Euch dran erlaben

Denn Ihr nahmt Platz
An der Geister Schatz
Am Odenwalder Tischchen

Der Mahnung ungerührt und stolz
Hob sich des Jünglings Hand
Einen Krug Wein stellt auf das Holz
Gefüllt hoch bis zum Rand
Dazu ein Festmahl – üppig, breit
Dann gebt mir meinen Frieden
Mein Weg ward unerträglich weit
Ruh' sei mir nun beschieden

Singt fort eure Lieder
Derweil lass ich mich nieder
Am Odenwalder Tischchen

Der Abend schwand alsbald dahin
Verdrängt durch dunkle Nacht
Die Schänke leer, kein Mensch mehr drin
Nur noch der Jüngling lacht'
Gemästet ob dem nahrhaft Mahl
Berauscht von Weines Rebe
Fragt' trunken er, gierig und schal
Ob man ihm Auskunft gebe

Wirt, kommet her
Und erzählet mir mehr
Vom Odenwalder Tischchen

Des Wirtes Augen wurden weit
Da gibt's nicht viel zu sagen
Der Tisch gibt Antwort jederzeit
Auf alle Eure Fragen
Er schreibt mit seinem dritten Bein
Die Botschaft auf Papier
Doch Vater warnte: „Lasst es sein"
Gefahr lauere hier

Denn wer sich dort setzt
Der wird auch verhext
Vom Odenwalder Tischchen

Der Bengel stutzt, brüllt dann verrucht
Ihr wagt mich zu verschaukeln
Macht Ihr nun ernsthaft den Versuch
Magie mir vorzugaukeln?
So lasst uns klär'n schon dieser Zeit
Was folgt die nächsten Tage
Schiebt rüber nur das Tischlein weit
So stell ich eine Frage

Mir einerlei
Papier herbei
Zum Odenwalder Tischchen

Genug jetzt, rief der Wirt empört
Nun hab ich's zur Genüge
Wer morgens wie ein Löwe röhrt
Stirbt abends wie die Fliege
Mein Urahn diesen Tisch ersann
Mit seinen magisch Blüten
Verschollen jedoch ist der Bann
Um Böses zu verhüten

Wer schutzlos beschwört
Die Geister nur stört
Am Odenwalder Tischchen

Welch Humbug, stieß der Bengel aus
Solch Spielchen nicht mit mir
Wollt kehr'n den Depp aus mir heraus
Hier hab ich ein Papier
Tisch sage mir, was kommen mag
Sag's mir ohne zu witzeln
Da fing, anfangs noch schwach und karg
Der Tisch gleich an zu kritzeln

Wie ich drum bat
Es schreibt in der Tat
Das Odenwalder Tischchen

Gierig grabscht' der Bursche nun
Den Zettel von der Bohle
Die Zeilen, die er findet, tun
Nichts für sein Seelenwohle
Wutrot sich sein Antlitz färbt
Ob dieser Zeilen Sinn
Ihr sagt, Ihr habt den Tisch geerbt?
Oh, welch Idiot ich bin

Ich freute mich schon
Nun will es mir droh'n
Dies Odenwalder Tischchen

Dies stand auf der Nachricht
Die er hielt in seiner Hände
Knabe, plan die Zukunft nicht
Dein Weg ist hier zu Ende
Bevor du noch den Raum verlässt
Trifft Holzpfeil dich am Kopfe
Und bohrt sich gleich der Schwarzen Pest
Durch deinen Flegelsschopfe

Du hast mich gefragt
Ich hab´s dir gesagt
Dein Odenwalder Tischchen

Der Jüngling zürnte, tobte, schrie
Nun habe ich genug
Ich trau doch leblos Dingen nie
Beendet sei der Spuk
Dann griff er nach dem Beil, es war
Dort rechts in einer Truhe
Nun schlug er auf das Tischlein hart
Gleich hab´ ich meine Ruhe

Verheißt es mir Pein
So schlag ich es klein
Das Odenwalder Tischchen

111

Der Jüngling schlug wild auf die Platte
Das Tischlein war robust
Er schwang das Beil auf jede Latte
In Zerstörungslust
Ob des harten Beiles Hieb
Ein Splitter sich verirrte
Und wie in kismetischem Trieb
In seinen Schädel schwirrte

Tat's kurz noch verdammen
Dann sank er zusammen
Am Odenwalder Tischchen

Dem Wirt kam der Gedankengang
Nun, jugendliche Eile
Junges Blut – voll Tatendrang
Doch stets der Griff zum Beile
Warum die Geister stetig stören
Obgleich die Lebenden so nah?
Warum die güld'nen Wort' nicht hören
Die doch sind zum Lernen da?

Wer dies einmal weiß
Der ergründet's ganz leis
Das Rätsel um das Tischchen

Drum Wand'rer denk an diese Mär
Kommst du in dies' Gefilde
Gib dich solch Spielzeug niemals her
Bist du nicht selbst im Bilde
Nie einer hat ein Glas gefüllt
Das er nicht hat besessen
Wer achtlos nach den Geistern brüllt
Der wird davon gefressen

Der landet so ferne
In des Teufels Taverne
Am Odenwalder Tischchen

Der Wiedergänger

Leben heißt dies' Schreckgespenst
Mit seinem Auf und Nieder
Das Auf genoss ich nur als Kind
Und niemals, niemals wieder

Der Gipfel der Zufriedenheit
Ich sprang nur kurz mal drüber
Und roch den Duft der Heiterkeit
Bis heute nie mehr wieder

Der Traum so süß, der Fall so hart
Es wurd' mir angst und biedern
Dann zog es mich, ein Händlein zart
Heraus aus meinen Gliedern

So klopft' ich an die Himmelstür
Doch stieß man mich hernieder
Ich bin zurück – im Geiste nur
Doch immer, immer wieder

Totentanz

Vergänglich und allein so stumm
War des Menschen Korpus immerdar
Dagegen ewig – frag warum
Ist die Seele – ach wie wahr
Niemals könnt' sie untergehen
Sei's mit Klagen, sei's mit Wehen
In des Hades grauer Schar

Beweisen tat mir dies die Liebe
Die mir einstmals widerfuhr
Die mir tiefstmenschliche Triebe
Einst schenkte, wenn auch im Herzen nur
So oftmals in grautrüber Lage
Stellte ich mir oft die Frage
Was geschah mit Martine nur?

Wir tanzten gern in frohen Stunden
Und sangen gern uns Lieder vor
Es schien, als führten ihre Runden
Sie nahe an des Himmels Tor
Schon bald die Cholera sie nahm
Und richtete sie gar infam
Und ins Mysterium sie fuhr

115

Ein Jahr lang hab ich nachgedacht
Was nur ihr Tod mir solle sagen
Und ach so manche lange Nacht
Lag ich dort so voller Klagen
Bis einst im Dunkeln – ich lag wach
Ein Schleier senkte sich vom Dach
Doch wohl nur ein Gefühl vom Magen

Doch das Gebilde senkte sich
Zum Boden – es war wunderbar
Und dann – oh wie's erst sträubte mich
Sie tanzte wie vor einem Jahr
Ich schwör, Martine sah ich schweben
Als täte sie noch immer leben
Ihre Schönheit war so klar

Stunden sah ich zu dem Spiel
Das sich vor meinem Auge bot
Dies' Bild – es gab mir doch so viel
Dann plötzlich roch ich nah den Tod
War's mein Körper, der sich krümmte stark
Dann stumm und ruhig im Kissen lag
Verrottend auf dem Bette dort?

Seitdem mein Körper ruht im Grabe
Nichts zeugt von dieser selt'nen Nacht
Niemand fragt nach meinem Leibe
Den Martine nun hat heimgebracht
Nichts mehr tut mir je ein Leid
Wir tanzen für die Ewigkeit
Und ewig meine Seele lacht

Zwischen den Bäumen

Als ich dich sah zwischen den Bäumen
Da wünscht' ich nur, ich würde träumen
Fahl und düster die Gestalt
Schemenhaft im Finsterwald

Als zwischen Bäumen ich dich sah
Noch weit entfernt und doch so nah
Da verließ mich der Verstand
Einsam an des Wahnsinns Rand

Zwischen den Bäumen sah ich dich
Grauenhaft und fürchterlich
Paralysiert, gelähmt im Schreck
Versteinert, rührt' mich nicht vom Fleck

Ich sah dich zwischen Bäumen stehen
Konnt' nimmer betteln oder flehen
Auf dass du wechselst deinen Ort
Ich wollt', ich wollt', du wärest fort

Die weiße Frau

Einst wehrte ich mich gegen traditionelle Bahnen
Als Kind mied ich das Haus meiner Ahnen
Denn alte Legenden, die waren bekannt
Um das Anwesen am Klippenrand

Man munkelte stets, es ginge dort um
Das leere Haus, es bliebe nicht stumm
Doch kratzten die Sagen stets nur an der Kruste
Weil niemand etwas Genaues wusste

Mein Vater, er lachte über den Spuk
Und hielt das Gerede für Lug und Trug
Denn alte Gemäuer, so sagte er gern
Hielten Gerüchte nur schwerlich fern

Doch wusste auch er nichts über den Grund
Dass Geschichten wanderten von Mund zu Mund
Und was dort geschah an der felsigen Bucht
Wo die Blicke starben in der düsteren Schlucht

Doch Mutter raunte später mir zu
Eine Geisterfrau fände dort keine Ruh
Und auch ihr lag es am Herzen sehr
Und Großmutter, sie wisse mehr

So sucht' ich sie auf, die alte Frau
Um Licht zu bringen ins triste Grau
Das seit Langem die Ahnfrau durchdrang
Und fand auch bald den Zusammenhang

Die Großmutter erzählte geheimnisvoll
Von der Urahnin, die einst liebestoll
Im Rausch der Gefühle Vermählung schon plante
Doch kam es zu Dingen, die sie noch nicht ahnte

Ihr Liebster, der in ihrem Haus
Zu später Stunde ging noch hinaus
Sich allzu weit an die Felsen begab
Und in den tosenden Wogen starb

Das Schluchzen der Frau hallte durch die Mauern
Es half ihr kein Trost, kein Lied, kein Bedauern
Sie stürzte sich noch in derselben Nacht
In die kalte, düst're Wellenmacht

Seitdem hört nächtlich man sie klagen
Und ihren Kummer ins Diesseits tragen
Als weiße Frau schwebt sie durchs Gemäuer
Auf der Suche nach was ihr lieb und teuer

Doch wusste die Großmutter dennoch nicht
Warum es kam zu der Spukgeschicht'
Denn schließlich waren die beiden vereint
Was solche Erscheinungen doch verneint

Doch wuchs in mir bereits ein Verdacht
Und ich beschloss noch in dieser Nacht
Zum Haus meiner Vorfahren aufzubrechen
Um einen Keil in den Fluch zu stechen

Drohend ragte das Haus vor mir auf
Abnorme Dinge nahmen ihren Lauf
Denn neben dem Tosen der Wellen am Fels
Rückte auch Unwohlsein mir auf den Pelz

Dann sah ich die Geisterfrau, weiß und fahl
Der das Schicksal den Bräutigam stahl
Ihr Wimmern zog mir durch Mark und Bein
Wie Wolfsgeheul im Mondenschein

Doch lag mein Ziel nicht hinter der Tür
So folgte ich weiter meinem Gespür
Begab mich zum Felsen und stieg herab
In das legendäre Geistergrab

Man ahnt es schon, was ich dort fand
Auf den Steinen am Meeresrand
Dort lag wie wartend am Ufer der Klippe
Ein weiß gekleidetes Frauengerippe

Dies war der Schlüssel für all die Sagen
Für Äonen hatte die Frau zu klagen
Ihr Liebster im Meer, sie selbst noch an Land
Darum das Paar nie zusammenfand

Behutsam trug den Leichnam ich fort
Zu seinem wahren Bestimmungsort
Und warf die Knochen ins tosende Meer
Die Ahnfrau war fort, man sah sie nicht mehr

Vom Klabautermann

Unnahbar jeden Fußes Tritt
In sturmgepeitschter Windesnacht
Führt das Gewitter Regen mit
Die alte Bark schon knirscht und kracht

Unerbittlich wälzt sich brausend
Die Gischt über das Deck empor
Eiskalte Lüfte dringen sausend
Bis in die letzte Ritze vor

Die Mannschaft hat sich schon verschanzt
Im scheinbar sich'ren Schiffesrumpf
In Betten, die schon längst verwanzt
Hör'n sie das Poltern nur noch dumpf

Zerstreuung suchen sie zur Zeit
Im Alkohol, im Kartenspiel
Desillusioniert, bereit
Zur Fahrt mit unbekanntem Ziel

Denn in Poseidons Raserei
Ist jede Handlung reiner Hohn
So bleibt nur Hoffen, Litanei
Indes die Tiefen warten schon

Doch im Mare Tenebrosum
Ein Schatten übers Deck sich schleicht
Ein Punkt im nassen Universum
Die Kleider vollends aufgeweicht

Sorgenvoll prüft der Matrose
Die Sicherheit der alten Bark
Sei's begründet, sei's Neurose
Die Angst sitzt ihm bis tief ins Mark

Und als der Hauptmast kracht und splittert
Da hebt er sein Gesicht empor
Und sieht, als hell es nun gewittert
Was scheinbar geht dort oben vor

Ein Etwas, dessen Atem brennt
Am Balken sich zu schaffen macht
Am Segel reißt, die Taue trennt
Blasphemisch grinst und geifernd lacht

Ein Schrecken fährt ihm durch die Glieder
Als er erkennt die Grausgestalt
Und als der Ausguck fällt hernieder
Ein Schrei aus seiner Kehle schallt

Taumelnd rennt er durch die Nässe
In die Kajüte des Kapteins
Doch erntet er nur Desinteresse
Blickt in die Miene eines Steins

Es scheint den Alten nicht zu stören
Was draußen nunmehr vor sich geht
Und schickt sich an, nicht zuzuhören
Wenn auch der Kläger noch so fleht

Verdächtig hämisch glänzt sein Auge
Und der Klabautermann lacht laut
Und derweil draußen spritzt die Lauge
Dass man sein Treiben kaum durchschaut

In Panik nun, von Angst durchflossen
Der Matrose raus nun rennt
Und wird sich klar: Blut wird vergossen
Durch das, wozu er sich bekennt

So greift er zu dem Enterhaken
Und stürmt nun auf den Dämon zu
Und will ihn schicken zu den Kraken
Damit die Bark hat ihre Ruh

Ein lauter Knall durchdringt das Tosen
Der Haken auf die Bohlen fällt
Ein Schmerz im Rücken des Matrosen
Der Käpt'n eine Flinte hält

Nicht wirst du die Lage wenden
Die von langer Hand geplant
Ein Vorhaben von fernen Stränden
Die du niemals hast geahnt

Ohne Murren, ohne Fragen
Karr'n die Seeleut' Hand in Hand
Ihren toten Kameraden
Schweigsam strebend hin zum Rand

In einer Truhe fest verstaut
So werfen sie ihn über Bord
Und blicken bis der Morgen graut
Ihm nach – und ungesühnt der Mord

Als Blitze, Stürme weiter wandern
Da macht die Illusion sich breit
Und einer sagt ganz leis' zum andern
Ja, dies' Opfer war gescheit

Doch die steinig dunklen Züge
Steh'n im Antlitz des Kapteins
Kühl verteidigt er die Lüge
Mit dem Grunzen eines Schweins

Fest verschlossen in der Truhe
Treibt der Matrose in der Flut
Erwartet in astraler Starre
Höllenfeuer, Himmelsglut

Doch von der Bark hört er noch leise
Wenn er auch nur den Tod gewann
In niederträcht'ger, schäb'ger Weise
Das Lachen vom Klabautermann

Der Hexe Fluch

Zwischen kalten Mauersteinen
Vorn gespickt mit Gitterwerk
Mit schweren Ketten an den Beinen
Gleicht die Häge einem Zwerg

Durch die Stäbe sieht sie sehnend
Ihren Kerkermeister dort
Und sie fleht ihn ächzend, stöhnend
An um ein befreiend Wort

Doch das Grinsen dieses Unholds
Allein als Antwort dienen soll
Die Augen glühen voller Grimmstolz
Verkünden ihr, das Maß sei voll

Und dieser Wachmann, der hier waltet
Sieht nichts in ihr als nur die Hex'
Diejenige, die längst erkaltet
Sich hingibt Blasphemie und Sex

Geholfen hat sie und geheilt
Mit Kräutern, Sang und Litanei
Ihr letztes Hab und Gut geteilt
Doch diese Sünd' ist nun vorbei

Denn ihre Häscher tragen Roben
Und wissen, dass des Weibes Kunst
Die niemals kommen kann von droben
In Wahrheit fußt auf Teufelsgunst

Denn schon im Glanz der Schöpfungswelt
Da war's die Frau, die schuldig war
Und wegen ihr der Mann nur fällt
So steht es in den Schriften klar

Und es bedurfte keinem Drängen
Gepeinigt wurde sie, o Graus
Und morgen, ja, da soll sie hängen
Sobald die Sonne kommt heraus

In dieser letzten, schweren Stunde
Wo Gottes Gnad' ist ach so weit
Und Luna dreht die letzte Runde
Sie schließlich zu den Sternen schreit

Die Hagazuss sieht sich gezwungen
Nun doch nach Beelzebub zu schrei'n
Und teils gerufen, teils gesungen
Erschallt der Fluch durch grauen Stein

Das Lachen jenes Wachmanns stirbt
Geboren wird Entsetzensblick
Und als sein Körper rasch verdirbt
Da sinkt nur ein Skelett zurück

Nun ist das Lachen bei der Alten
Sie lacht noch, als die Sonne steigt
Und niemand kommt, den Strick zu halten
Und niemand mehr, der auf sie zeigt

Und als die Häge ausgelacht
Da fällt ihr Blick zum Boden dort
Zur unbeugsamen Kettenmacht
Und der sie lösen kann, ist fort

Und ihre Arme reichen nicht
Bis zu des Wachmanns Schlüsselbund
Und Durst zeigt auf ihr den Verzicht
Der sie nun führt zum Höllenschlund

Ihr Rufen, Schreien, Aufbegehren
Nun weder Gott noch Teufel hört
Niemand wird nun sich um sie scheren
Und bald sie im Verlies verdörrt

Da liegen zwei verstaubt Gerippe
Getrennt durch eine Gitterwand
Und Satan sprach durch beider Lippe
Sei's Hoffnung oder Wahn genannt

Weitere Bücher von J. Mertens

Psychotic Tales
Horror Shorts

Geh nicht durch diese Kellertür
Mystery-Thriller

Genius Vacui
Horror-Roman

www.obscuranox.com